BEI GRIN MACHT SICH IHR WISSEN BEZAHLT

- Wir veröffentlichen Ihre Hausarbeit, Bachelor- und Masterarbeit

- Ihr eigenes eBook und Buch - weltweit in allen wichtigen Shops

- Verdienen Sie an jedem Verkauf

Jetzt bei www.GRIN.com hochladen und kostenlos publizieren

Bibliografische Information der Deutschen Nationalbibliothek:

Die Deutsche Bibliothek verzeichnet diese Publikation in der Deutschen Nationalbibliografie; detaillierte bibliografische Daten sind im Internet über http://dnb.d-nb.de/ abrufbar.

Dieses Werk sowie alle darin enthaltenen einzelnen Beiträge und Abbildungen sind urheberrechtlich geschützt. Jede Verwertung, die nicht ausdrücklich vom Urheberrechtsschutz zugelassen ist, bedarf der vorherigen Zustimmung des Verlages. Das gilt insbesondere für Vervielfältigungen, Bearbeitungen, Übersetzungen, Mikroverfilmungen, Auswertungen durch Datenbanken und für die Einspeicherung und Verarbeitung in elektronische Systeme. Alle Rechte, auch die des auszugsweisen Nachdrucks, der fotomechanischen Wiedergabe (einschließlich Mikrokopie) sowie der Auswertung durch Datenbanken oder ähnliche Einrichtungen, vorbehalten.

Impressum:

Copyright © 2016 GRIN Verlag, Open Publishing GmbH
Druck und Bindung: Books on Demand GmbH, Norderstedt Germany
ISBN: 9783668145870

Dieses Buch bei GRIN:

http://www.grin.com/de/e-book/314029/setzen-einer-stellkante-unterweisung-landschaftsgaertner-in

Andreas Pförtner

Setzen einer Stellkante (Unterweisung Landschaftsgärtner/-in)

GRIN Verlag

GRIN - Your knowledge has value

Der GRIN Verlag publiziert seit 1998 wissenschaftliche Arbeiten von Studenten, Hochschullehrern und anderen Akademikern als eBook und gedrucktes Buch. Die Verlagswebsite www.grin.com ist die ideale Plattform zur Veröffentlichung von Hausarbeiten, Abschlussarbeiten, wissenschaftlichen Aufsätzen, Dissertationen und Fachbüchern.

Besuchen Sie uns im Internet:

http://www.grin.com/

http://www.facebook.com/grincom

http://www.twitter.com/grin_com

Andreas Pförtner

Meister im GaLaBau

Lehrunterweisung Garten- und Landschaftsbau

Setzen einer Stellkante (Unterweisung Landschaftsgärtner / -in)

1. Formaler Teil

1. Thema der Unterweisung:

   Ordnungsgemäßes Setzen einer Stellkante

2. Sachanalyse:

   Der Auszubildende soll berufliche und fachliche Fähigkeiten erlernen.
   Er soll in der Lage sein, die Stellkante selbstständig und ordnungsgemäß zu setzen.

3. Grobziel:

   Der Auszubildende soll selbstständig das Setzen einer Stellkante erlernen.
   Quelle : Ausbildungsordnung – Rahmenplan Teil A Ausbildungsabschnitt 1
   7.4 Herstellen von Bauwerken in Außenanlagen.

4. Feinziel

   Der Auszubildende ist am Ende der Unterweisung in der Lage, unter Beachtung der UVV, einen Stellkante nach vorgegebener Richtung und Höhe zu versetzen sowie die notwendigen Vorbereitungen des Untergrundes zu treffen.

5. Begründung

   Um auf der Baustelle selbstständig zu arbeiten, muss der Auszubildende das ordnungsgemäße Setzen einer Stellkante nach der Gesellenprüfung beherrschen.

6. Ausgangssituation

   a: Anzahl der Auszubildenden : 1
   Geschlecht : männlich
   Alter : 18
   Lehrjahr : 2. Ausbildungsjahr

   b: Schulische Bildung : Hauptschulabschluss nach der 10. Klasse

   c : Vorkenntnisse : Umgang mit berufstypischen Werkzeugen, UVV

7. Unterweisungsort

   Auf der Baustelle, auf dem Firmengelände, im Ausbildungszentrum

8. Lehrmittel

   Schnurnägel, Schnur, Fäustel, 1m Wasserwaage, 40cm Wasserwaage, Simplexhammer, Gliedermaßstab, Maurerkelle, Beton C15/C25, 0 bis 16 mm Körnung, erdfeucht, Sicherheitsschuhe / Schutzhandschuhe, ggf. Bordsteinzange

9. Zeitansatz

   60 Minuten

10. Methodenwahl

    Vier Stufen Methode

Vorbereiten und Motivieren
- Vorbereitung des Arbeitsplatzes - Feststellung der Lernvoraussetzung - Ziel der Aufgabenstellung darstellen - über die Unfallverhütungsvorschriften informieren - Arbeitsschutzmittel bereitstellen - Hemmungen abbauen - Bedeutung und Sinn der Aufgabe erläutern.

Vormachen und Erklären
- Der Ausbilder erklärt die einzelnen Arbeitsschritte - Er weist den Auszubildenden auf das Wesentliche beim Setzen einer Stellkante hin - Auf mögliche Schwierigkeiten hinweisen - Der Ausbilder demonstriert den Arbeitsablauf - Auf mögliche Gefahren hinweisen - Der Auszubildende beobachtet und stellt Fragen.

Nachmachen lassen
- Der Auszubildende macht die Arbeitsschritte nach und erklärt diese - Den Lernfortschritt durch fortwährende Kontrollen beurteilen - Auf die richtige Handhabung der Werkzeuge achten - Bei Fehlern eingreifen.

Üben und Festigen
- Ausreichende Gelegenheit zum selbstständigen Üben geben - Auf Fehler in der Übungsphase achten und diese anschließend besprechen - Fragen des Auszubildenden beantworten und ihn selber befragen, um den Lernerfolg zu überprüfen.

2. Inhaltlicher Teil

Motivation

Das Setzen von Stellkanten ist immer wieder eine auftretende Tätigkeit, die bei fast jedem Hausgarten durchzuführen ist. Der Ausbilder erklärt und informiert dem Auszubildenden über die genaue Vorgehensweise (methodische Vorschau) und die Tätigkeiten (didaktische Vorschau), die ausgeführt werden. Um das Interesse und die Neugier des Auszubildenden zu wecken, sollte der Lehrling als erstes leichte Aufgaben bekommen z.b. (Bordsteine in eine Flucht setzen). Wenn er dies erfolgreich beherrscht, sollte man ihm schwierigere Aufgaben übertragen z.b. (Bordsteine in einer Kurve setzen). Anhand eines kaputten Bordsteines zeigt der Ausbilder dem Lehrling wie zerbrechlich eine Stellkante ist und welche Schäden entstehen können, wenn man beim Setzen Fehler macht oder die Werkzeuge falsch auswählt. Gleichzeitig wird dem Lehrling damit die Wichtigkeit dieser Unterweisung veranschaulicht (Prinzip der Praxisnähe).

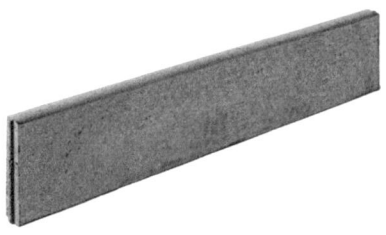

Eine Stellkante aus Beton mit Nut und Feder. Die Oberkante ist zur Hälfte rund.
Der Stein ist geeignet zur Randbefestigung. Das handliche Format erleichtert den Einbau.

Gewicht: 27,0 kg
Höhe: 25,0 cm
Breite: 100,0 cm
Tiefe: 5,0 cm

2. Erarbeitungsphase

Arbeitsschritte Was?	Ausführungshinweise Wie?	Begründung Warum?	Methoden / Medien U-Grundsätze
1. Einrichten des Arbeitsplatzes	Die benötigten Materialien und Werkzeuge sind griffbereit zu platzieren.	Dies ermöglicht einen schnellen Arbeitsablauf.	Den Auszubildenden fragen, ob er die benötigten Werkzeuge und Baustoffe kennt. - - Lehrgespräch
2. Flucht und Höhe einmessen nach Vorgabe oder Plan	Mit Schnurnägel und Schnur. Darauf achten, dass die Stellkante vor die Schnur gesetzt wird.	Einfacheres Versetzen der Stellkante, da Flucht und Höhe einfacher kontrolliert werden können.	Den Auszubildenden informieren, warum das genaue Einmessen wichtig ist. - Vortrag
3. Verteilen des Betons	Menge möglichst genau dosieren.	Die Dosierung inklusive Rückenstütze bedenken.	Den Auszubildenden mithelfen lassen, den Beton zu verteilen. - Demonstration
4. Herstellen des Beton-Feinplanum	Ca. 2 bis 3 cm weniger als Stellkantenhöhe von der Schnur heruntermessen und mit der Maurerkelle abziehen.	Zu viel Beton = Die Stellkante kann nicht auf Höhe geschlagen werden. Zu wenig Beton = Stellkante kann später absacken, da zu wenig Verdichtung.	Den Auszubildenden mithelfen lassen, das Betonfeinplanum herstellen zu lassen, um ihn zu motivieren. - Prinzip der Aktivitätsförderung
5. Stellkante ansetzen, in Flucht und Lot bringen und auf Höhe schlagen	Stellkante möglichst nach Flucht und lotrecht setzen. Stellkante mit 3 bis 4 kurzen, kräftigen Schlägen abwechselnd rechts und links auf Höhe bringen. Die Stellkante mit der freien Hand stützen. Stellkante bis auf ca. 5mm an die vorhandenen Stellkanten heranrücken.	Garantiert gesünderes Heben. Bei zu festem schlagen, kann die Stellkante brechen.	Den Auszubildenden fragen, warum es wichtig ist, dass der Bordstein in Flucht, lotrecht und auf Höhe zu setzen ist. - Lehrgespräch
6. Herstellen der Rückenstütze	Von der jeweiligen Höhe aus bildet man eine Schräge und verdichtet diese gut.	Diese verhindert späteres kippen der Stellkante.	Den Auszubildenden erklären, welchen Zweck die Rückenstütze erfüllt. - Lehrgespräch
7. Nacharbeiten	Die Stellkanten werden auf der gesamten Länge nach Anlauffläche ausgerichtet.	Es bestehen immer gewisse Maßtoleranzen. Die Anlauffläche fällt ins Auge, die Hinterkante weniger.	Den Auszubildenden fragen, ob noch etwas unklar ist und ob der Unterweisungsinhalt richtig vermittelt werden konnte. - Prinzip der Erfolgssicherung

3. Übungsphase

Der Auszubildende erhält nun die Aufgabe, die Schritte 1 – 7 auszuführen und erklärt dabei, was er macht, wie er es macht und warum er es macht.
Bei Fehlern in der Übungsphase greift der Ausbilder helfend ein und gibt dem Auszubildenden die notwendigen Tipps für die Übung und bewertet anschließend das Arbeitsergebnis gemeinsam mit ihm. Bei gutem Ergebnis auch Teilergebnissen gibt der Ausbilder Lob.

4. Kontrollphase

Der Auszubildende bekommt nun die Gelegenheit, weitere Bordsteine selbstständig zu setzen, um Sicherheit und Schnelligkeit zu erlangen. Eventuelle Fragen des Auszubildenden werden beantwortet. Kontrolle der Leistung mit der Alu-Latte und entsprechende Anerkennung.
Hinweise zur nächsten Unterweisung. Ich verabschiede mich freundlich vom Auszubildenden und beende die Unterweisung.